五濁の時代に

念仏の導き 下

木村 宣彰

Kimura Se

a fount of knowledge

北日本新聞社新書
008

【目次】

五濁の時代に

念仏の導き ㊦

発想の転換「中央」から

国の在り方問い直す

秋空に無数の赤トンボが乱舞する景色は日本の原風景である。その赤トンボが激減しているという。赤トンボの代表格である「アキアカネ」は、秋が深まるにつれて成熟して体色が真っ赤になる。「夕やけ小やけの赤とんぼ　負われてみたのは何時《いつ》の日か」と唄《うた》う童謡「赤とんぼ」は、三木露風*が幼いころ子守りの「姐《ねえ》や」に背負われて見た「田舎」への郷愁から生まれた。

その頃、沢山《たくさん》いた赤トンボが急に減少した理由は私にはわからないが、赤トンボが生息できないような自然環境は、人間にとっても住みにくいことは間違いない。日本各地の「田舎」の自然が失われつつあるのは残念である。日本の「田舎」や「集落」は、単に経済活動の単位ではない。「わたしの田舎では」とか「わたしの村は」などというのは、山や川などの自然と共に人間が暮らす生活の空間である。

現政権は、臨時国会の最重要課題は「地方創生」であるという。「地方」とは何か。普通「地方」といえば「中央」ではない地域、つまり、国会議事堂のある東京から遠く離れた過疎や人口減少が進んでいる地域である。

＊三木露風《みきろふう》（1889—1964）詩人、童謡作家。北原白秋と並び「白露時代」と称された。

当然、大都会のような活発な経済活動が行われていない。そのような深刻な問題を抱える地域を「地方」と呼んでいるのであろう。同じ日本を中央と地方に分けるのは、あたかも大都会に出て来た「田舎」の人びとを「地方出身者」と呼ぶような感覚である。

さらに「創生」とは「新たに作りだす」という意味である。「地方」の「まち・ひと・しごと」を、どのようにして新たに作りだすのか。もし「中央」の経済を活性化させるために「地方」の「まち・ひと・しごと」を新しく作り直すというのであれば、以前の「日本列島改造論」や「ふるさと創生資金」を思い出させる。「地方創生」の目的が「中央」から「地方」に向かって「もっと頑張れ」という激励であるならば、そのスローガンと総論があれば十分で、その実現の方法論についてはそれぞれの「地方」が考えるべきであろう。

安倍首相は臨時国会で、「大きな都市をまねるのではなく、その個性を最大限に生かしていく。発想の転換が必要」であると所信表明された。本当にその通りだと思う。しかし、発想の転換は一方だけでは実現しない。「発想の転換」は「地方」よりも、むしろ「中央」にこそ必要なのではないか。「中央」の中の「中央」である国会や霞が関が大きく発想を転換すれば、この国も新しく生まれ変わるのではないだろうか。いま課題になっている「地方創生」は、単に日本のある地域を問題にするのでなく、この国の在り方を問い直すものである。

源平の戦乱や大地震などの災害が続いた鎌倉時代に念仏の教えを説いた親鸞《しんらん》は、「真実の心はありがたし　虚仮《こけ》不実のわが身にて　清浄《しょうじょう》の心もさらになし」と厳しく自己自身を問い、つねに「まこと」を求め続けられた。親鸞にとって何が「真」であり、何が「仮」や「偽」なのかが大事な問題であった。

特に「偽」は「人」と「為」から成る字である。要するに自己中心的な「人為」のことである。人間の営為が損得、是非、罪福に偏すると「まこと」がなくなる。私たちは往々にして他人のことを忘れて自分の立場のみを主張しがちである。それは「まこと」の生き方ではないと仏教は教えている。

かつて高視聴率を記録した「おしん」*というテレビ番組があった。昔の貧乏物語、辛抱物語という修身ドラマのように見られていたが、原作者の橋田壽賀子は、素材の部分がひとり歩きしてしまった「誤解されたおしん」であるという。橋田は、著書『おしんの遺言』の中で、「日本人はもうこれ以上、経済的に豊かにならなくてもいいのでは」「そろそろ身の丈に合った幸せを考えてみてはどうですか」と書きたかったと記している。人間はお金や便利さなど、幸せの素材だけでは幸せを感じ取ることができない。すなわち、自分が「まこと」に生きていることが実感できる場所を求めているのである。

（2014年10月22日掲載）

＊おしん　1983年から84年に放映されたテレビドラマ。明治から昭和にかけて貧しさに耐えながら生きる女性の姿を描き、好評を博した。

感謝しあう心を育め

人の命は「授かりもの」

11月23日は「勤労感謝の日」であった。この日は、もとは秋に収穫した農作物の恵みに感謝する日であったが、戦後は「勤労を尊び、生産を祝い、国民が互いに感謝しあう」ための祝日となった。しかし、「互いに感謝しあう」と言っても誰が誰に感謝するのか。誰も自分一人だけでは生きられないが、かと言って、なかなか他者に感謝できるものではない。自分の力に執着し「私が」「自分が」という思いを断ち切ることができないのである。

先頃、たまたまテレビ放送を視《み》ていて大変に驚いた。年配の方が「子どもの声がうるさくて迷惑だ」と発言されていたのである。子どもの声を工場の騒音などと同じように「迷惑だ」と言われたようである。高齢者が静かな環境で暮らしたいという気持ちはよく理解できるが、これでは子どもたちは保育園や幼稚園でも思う存分に遊べない。もし自分と関係のない他人の子どもの声を迷惑と思うのであれば、余りにも身勝手ではないだろうか。

子どもは、次の世代を担い、未来を託す大切な存在である。それゆえ「子宝」といい、「未来からの贈り物」と言われる。高齢者の暮らしに欠かすことのできない「国」の年金は、子どもたちによって支えられる。だから個人的な問題である少子化が、「国」にとって重大な関心事になるのである。フランスのある人口学者は、子どもの増大がその国が戦争をするのに都合よい状況を作り出すと言ったが、これは極論としても、一国の経済の維持・発展にはやはり子どもは不可欠である。

少子化が問題になるのは、日本を含むいわゆる「先進国」においてのことである。「先進国」では育児や子どもの教育に相当の経費がかかり、子どもを育てることは親の経済的な負担を増大させる。一方、子どもが親と共に一家の労働力である「途上国」では、子どもが増え続けている。要するに、人口減少と人口増加がいずれも問題になるのは、それが否応《いやおう》なしに「国」の経済を左右するからである。

仏教経典には、仏陀の言葉として「一切の衆生《しゅじょう》はわが子なり」と説いている。親たちは自分の子どもだと思っているが、個人の所有物ではなくて

「授かりもの」である。それがいつの間にか子どもは「つくるもの」となった。社会一般の意識も親たちの気持ちも、子どもは「授かるもの」から「つくるもの」へと変わってしまった。その結果、「国」はあたかも機械が製品を生産するのと同じように数値目標を掲げ、少子化を解消して子どもを増やそうとしている。

医学や生殖技術の進歩は人間の意識を変えたが、かつては人の命は人の手で自由にできるものではなかった。それゆえ、自分自身の命は「授かりもの」と感謝した。当然、子どもの命もまた「授かりもの」と考えていた。今や以前のような意識に戻すことはできないだろうが、ここで立ち止まって「命」のことを根本から考えなくてはならない。仏教はこの現状を予想したかのように、五濁の最後に「命濁《みょうじょく》」を挙げている。「命の濁り」というのは何とも不気味な言葉であるが、いかにも現在の社会を物語っている。

『蓮如上人御一代記』によれば、蓮如は「われは法儀に付きてよき事をしたると思い、われ、と云《い》う事あれば、わろきなり」と語っている。仏事に関して、自分が「よき事」をしたのだという「われ」の意識があれば「わろきなり」というのである。

突然の衆議院選挙であるが、小学1年生の「人」という詩を読んだ。

えらい人より
やさしい人のほうがえらい
やさしい人より
金のない人のほうがえらい

なぜかというと
金のない人は
よくさみしいなかで
よくいきているからだ
（なかたにゆうすけ）

人間以外の動物の成長は大きくなることであるが、人間は赤ちゃんが大人になるだけでは成長したとは言えない。
では、何が人間の成長の物差しになるのか。それは自力の執心を離れ、「互いに感謝しあう」心持ちを涵養《かんよう》することではないか。それが「よく生きる」ことであり、人間らしい報謝の生活なのである。

（2014年11月26日掲載）

「今の一念」を生きよ

賢者は過去追わず

師走になると何となく気忙しい。唱歌に「もう幾つ寝るとお正月」と歌われるが、正月まであと何日と指折り数えるのを「数え日」という。歳末の「数え日」になると、「光陰矢の如《ごと》し」を実感する。

昔は「人生五十年」と言っていた。歴史上に偉大な名を残すような活躍をした人であっても、その華やかな時期はほんの10年くらいのものである。ところが、今や人生80年、90年の時代である。100歳を過ぎてなお現役で活躍している方も稀《まれ》ではない。

そうなると、いわゆる「老後」の過ごし方が「現役」の時代以上に大切になる。生活のために与えられた仕事を行う「現役」の時代より、自分自身で生き方を選ばなくてはならない「老後」の生活は難しい。長寿の時代と言っても、光陰と同じく、われわれの「寿命」は何時までも引き止めておくことはできないからである。

高齢化の時代になり、私たちは約束された「長い人生」を生きているかのように勘違いしているが、実はそうではなく「今の一念」の時を生きている。長寿の時代だと思うと、ついつい「今の一念」を失念しがちである。年の瀬になると、私自身もそうであるが、誰もが「もう一年が終わる」「今月はもう終わりだ」などと嘆くのが常である。本当はそれどころではなく、人生は刻一刻と過ぎ去る「今」の集積に過ぎないのである。

ところが、この一刹那の時間を自覚的に過ごすのは容易なことではない。この一瞬一瞬を軽んじてはならないことはよく分かっているが、その大切な「今の一念」を、実際には「余計なこと」や「無駄なこと」に費やしているのが現実である。この世がいかに五濁悪世だとしても、四六時中、他人の悪口や無駄話などに浪費していては尊い人生が台無しである。

人生を真摯《しんし》に生きようとする者は「今」のときを大切にしなくてはならない。兼好法師は『徒然草』の中で、「もし、人来りて、我が命、明日は必ず失はるべしと告げ知らせたらんに、今日の暮るゝ間、何事をか頼み、何事をか営まん」と説教をしている。

たとえば、人から「あなたは明日、必ず死ぬ」と言われたら、今日一日を、自分は何を「頼り」とし、何を「営む」のか。自分の命が今日限りだとしたら、その日が暮れるまでに何をすればよいのか。常日頃は、そのようなことを考えもせず、ただ「今」の大切さを忘れて慌ただしく過ごしている。だが、私たちが生きている今日の日は、兼好法師のいう「明日必ず死ぬ」という一日と同じ一日なのである。

実は「今の一念」の大切さについては、すでに釈尊が「賢善一夜の偈《げ》」＊として説かれている。「過去を追うべからず。未来を期待すべからず。およそ過ぎ去ったものは捨てられ、未来はいまだ来らず。ただ現在の法をその場その場に観察し、揺るがず動ぜず、それを了知して修習せよ。ただ

＊賢善一夜の偈　経典に見られる詩句の一つ。ある夜に釈迦が比丘《びく》（僧）たちに行った説法として伝えられている。

今日のなすべきことを熱心になせ、誰が明日の死を知るであろう」と。いたずらに過去を追憶し、未来を期待することなく、ただこの一夜のことを思う者が真の賢者である。よく知られた「賢善一夜の偈」は多くの経典に引用されている。私たちは一年最後の大晦日《おおみそか》にこそ、この「賢善一夜」の教えをかみしめなくてはならないと思う。

ゆっくりと物事を考えることもできない繁忙の師走であるが、「今」の日本の現状を考えると甚だ厳しいものがある。1千兆円を超す国の借金や人口減少による地方の衰退、日本を取り巻く厳しい国際状況など、この現実を直視することなく、過去の栄光の時期を取り戻そうとしたり、人口減少が予測される未来に過大な経済成長を期待したりするなどは「賢善」な道とは言えないのではないか。

来年（２０１５年）は「戦後70年」という「今」を迎える。競争か共存か、効率か安全か、成長か成熟か、等など、改めて価値の選択が迫られるだろう。大切なことはこの国がどの方向に向かうのかである。

いたずらに未来を期待するなと言われても新しい年が、より一層よい年であるように願わずにはおれない。

（２０１４年12月24日掲載）

尊さ生む内なる心

おごりが招く自堕落

冬の季節に雪の中で生きる樹木を見ていると、深く考えさせられる。自由に動き回ることができない植物は、他者を害することもなく自然の中で生きている。それに対して人間は、常に動きまわるために他の動物や植物の生命を奪って食料とする。しかも人間は、それらに感謝することなく、日々いただく食物について味の濃淡や量の多少を言い、自分の好き嫌いの思いを恣《ほしいまま》にしている。さらに人間は、人間が人間の生命を奪い合う戦争を引き起こす。与えられた場所で生きる植物に比べて何と傲慢《ごうまん》で愚かなことであろうか。

年頭の新聞には「戦後70年」の記事が目立った。それが中旬になると「阪神淡路大震災20年」の見出しが紙面を賑《にぎ》わすようになる。戦後50年目に当たる1995年1月17日の早朝に、関西地方を襲った大震災から既に20年が経過した。

地震や津波などの天災は人間の力ではどうすることもできない。だが人間は、天災からやがて立ち直ることができる。しかし人間の愚かな思いから引き起こされる災厄の人災は、いつまでも忘れられない。人災は、何故《なぜ》そのようなことが起こったかをよく反省し、二度と起こらないようにしなくてはならない。天災は避けられないが、人災は避けることができるはずである。そのような意味で、「戦後」については、果よりも因である「開戦」から考えねばならないのではないか。実は、昨年2014年が第1次世界大戦の勃発から100年の節目の年であった。

日本は、明治以降はイギリスやドイツなどヨーロッパの諸国に学び、戦後70年はもっぱらアメリカの文化や価値観を見習ってきた。日本の近代化は西洋化とほぼ同義であった。日本は西洋化によって驚異的な経済発展を成し遂げたが、この近代化の過程で失ったものが少なくない。仏教が説く「末法[*]」や「凡夫《ぼんぶ》」という時代観や人間観もまた、次第に実感を伴わなくなったのではないだろうか。今の時代は五濁の悪世で、人間は煩悩具足[*]の凡夫と言われても、現に経済が成長し豊かな世の中は「よい社会」だと思われるし、自分たちは「凡夫」や「悪人」でなく「善良な人」と思うであろう。

親鸞《しんらん》は、我《われ》らは「煩悩具足の凡夫」であり、この世は「火宅無常の世界」と説いている。よく知られるように『歎異抄《たんにしょう》』に、「煩悩具足の凡夫の火宅無常の世界はよろずのこと、みなもて、そらごと、たわごと、まことあることなき」と説かれるが、このような世界観・人生観は、高度経済成長期には認められ難いものであった。ところが、21世紀になって新しい事態が現出している。原発の事故が如実に物語るように産業技術の発展が人びとの生活を脅かし、生命科学の進歩が生命倫理に混乱をもたらしている。この今や世界は混沌《こんとん》として「まことあることなき」様相を示している。

*末法　釈迦の死後、2千年が経過して以後の1万年を末法という。末法には仏法が滅して救いがたい世となるという。
*煩悩具足　あらゆる煩悩を身に具《そな》えていること。

ような混沌とした先行き不安な世界の中で、人々はつねに「思うようにならない」と悲嘆する。その思うようにならない「思い」が問題なのである。人間の「思い」はまことに面倒なものである。自由闊達《かったつ》に生きているように見える人が心の中で「思うようにならない」と嘆き、逆に貧困の中で厳しい生活を強いられている人が「お陰さまで」と感謝の日暮らしをする。

生活態度にしまりがないと他人から「自堕落な生活だ」と批判される。しかし自堕落とは自分が自ら堕落することである。仏教経典は「憍慢《ごうまん》にして恭敬《くぎょう》*ならざるを自堕落となす」と説く。自分の「おごり高ぶる」心が、「つつしみ敬う」気持ちを無くする。これが自堕落である。他者への思いやりや敬意を失うのが自堕落の実態である。

人間が尊いのではない。人間を人間たらしめるものが、自分の中にあることに気付くから尊いのである。人は、自分の「思い」を顧みず、何時も「外」だけを見て不満を言っている。それは「外」の世界が思い通りにならないのではなく、実は「内」なる自分の心が思い通りにならないのである。人の心の中から、愚かな戦争が生まれることを忘れてはならない。

（2015年1月28日掲載）

＊恭敬　他に対して敬い、つつしむこと。

人は共にこれ凡夫なり

「是と非」絶対にあらず

節分を過ぎると、日ごとに春らしくなる。雪の日があっても確実に春は近づいている。節分とはまさに季節の分かれである。ある日を境に季節が一変することはないが、季節の節目に節分を設けた暦を作ったのは、先人の知恵である。この季節に咲く雪割草も、われわれに春を感じさせてくれる。残雪の間から可憐《かれん》な花を咲かせるので雪割と呼ばれるが、それにしても可憐なこの草のどこに、雪を割って花を咲かせる「力」があるのだろうか。

季節の移り変わりは自然で穏やかであるが、世界の政治経済の動きは急激である。突然に常識では想像できないような悲惨な事件が起こる。自らの立場を主張する者と、それに真っ向から反対する者との深刻な対立をどのように解決するのか。20世紀は「力」の対立と戦争の世紀であったが、21世紀に生きるわれわれにとって、このような対立を如何《いか》に解決するかが不可避の課題となる。

何ごとも善と悪、苦と楽、敵と味方など、互いに対立する二つの考えに固執し、どうしても二者の融和ができないとなると、ついには「力」によって解決しようと考える。果たして「力」によって対立の解決が可能なのだろうか。ことがらの根源に立ち返って考えると、対立する二者の主張も相互に関係し、混沌《こんとん》としている。被害者と思われた側が報復と称して他方を攻撃すると、被害者がたちまち加害者となる。

このように攻撃と報復を繰り返すと、果てしなく対立が続くことになる。その対立を「力」によって解消しようとすれば、また新たな対立を生み出し、さらなる「力」が必要となる。長い歴史を顧みても、正義を声高に主張して対立や戦争が続いたのである。いかに困難であっても二者の対立を超え、相互に理解し合う努力が何よりも大切であると思う。

今からほぼ1400年も前、聖徳太子は仏教の教えによって大切な教訓「十七条憲法」を遺《のこ》された。その第十条には、次のように記されている。即《すなわ》ち、「忿《ふん》を絶ち、瞋《しん》を棄てて、人の違うことを怒らざれ。人みな心あり。心おのおの執るところあり。彼を是とすれば、我は非とす。我を是とすれば、彼は非とす。我かならずしも聖に非ず。彼かならずしも愚に非ず。共にこれ凡夫のみ。是非の理、たれかよく定むべけんや。あい共に賢愚なること、鐶《みみがね》の端なきが如し」とある。

「十七条憲法」は漢文で書かれたものであるが、それを書き改めて示した。「忿」も「瞋」も「いかり」のことである。そのうち「忿」は私たちの心の内に起こる怒りであり、それが露骨に外に現われたのが、目をいからせる「瞋」である。この「忿」も「瞋」も棄てなくてはならない感情であるが、人には「心」があり、それぞれに思いがある。そこで彼が「是」を主張すれば、我は「非」となる。二者が「是」と「非」とに分かれると両者が一致して協力することはできなくなる。それゆえ「我かならずしも聖に非ず。彼かならずしも愚に非ず。共にこれ凡夫のみ」という自己反省が何よりも大切になる。

聖徳太子は、「是と非」「聖と愚」というような区別は絶対的なものではなく、耳輪に端が無いようなものであるという。自分の意見が「是」であり、それ以外は「非」であるという分け方は必ずしも絶対でないというのである。聖者と愚者と言っても、それは絶対なものではなく、人間は「共に凡夫のみ」である。要するに、人はみな凡夫であると相互に認め合うことが大事なのである。

人間だけを大切にする心から、人間を尊ぶ心は生まれない。自分の立場のみを「是」として他者を「非」として退ける者は決して他者から尊ばれることはない。誰もが「力」を重視していた高度経済成長の時代に、手塚治虫は心優しいロボットが活躍するアニメ『鉄腕アトム』を描いた。ある場面でアトムは、「あなたは人間じゃない。人間はもっと心が温かいはずです」と語っている。21世紀に生きる我々にとって何が大事なのかを考えさせられる場面である。

（2015年2月25日掲載）

事実に「学ぶ」大切さ

偽りなき世の中を

梅が開花し、やがて桜が満開となる。春の到来の遅い北陸でも、生き生きとした自然の息吹を感ずる季節である。それにしても時の流れは早く、まるで矢のように往《ゆ》き去る。しかし春は去年と同じように再び還《かえ》ってくる。このように考えると時の流れにも往相と還相があるようだ。

北陸新幹線の開業で、永年の念願がかない、首都圏と北陸が2時間余りでつながった。東京との往復が格段に便利で効率よくなったが、人はいつまでもこれに満足せず、暫《しばら》くすると、もっと早くより便利にと願うようになるだろう。人間の欲望は一直線に先へ先へと進んで止まることを知らないが、折々に自らを振り返って反省するようにしたいものである。

現代人は「外」の社会環境が便利になることに目を奪われ、自らの心の「内」なる自然が失われつつあることに気付かない。さらに、そのことを冷静に客観的に観《み》ることができない。それは、人間には思い上がりの慢心があり、自分に都合のよいように自己肯定的に物事を考えるからである。

昨今のメディアは「戦後70年」と声高に報じている。大事なことは、戦後からの時の経過よりも、そこから何を「学ぶ」かである。終戦前の3月10日の未明、東京は米軍の空襲により、わずか一晩で10万人以上ともいわれる尊い生命が失われた。この東京大空襲の惨状を目の当たりにした柳田國男*は、自ら死の危機にありながら渾身の力を込め、一カ月余りで『先祖の話』を書き上げた。柳田は「この度の超非常時局によって、国民の生活は底の底からひっかきまわされた」と記している。当時、すでに古稀《こき》を過ぎていた柳田は、多数の死者を「無縁ぼとけの列に、疎外して置くわけには行くまい」と考え、超非常時局からの「学び」を述べたのである。その末尾に「日本のたった一つの弱味というものが、政治家たちの学問への無関心」であると述べた。

今から4年前の2011年3月11日、大震災が東日本を襲い、同時に福島第一原子力発電所の大事故が起こった。これは大震災が原発事故の誘因となるという未曽有の大災害であった。いま振り返って思うと、1年半前にわが国の首相は「今までも、現在も、将来も問題ないと約束する。汚染水の影響は福島第一原発の港湾内で完全にブロックされている」と世界に向かって自信たっぷりに語ったが、今年2月には放射性物質を含む高濃度の汚染水が大量に海に流出していたことが発覚した。まことに残念なことであるが、いまだ原発事故の収束はおぼつかないし、復興も道半ばである。人間には不都合なことを「忘れる」という性質があるが、大事なことは忘れずに「学ぶ」ことが必要である。

ある中学生が私に感銘深い言葉を教えてくれた。それは、2013年5月15日に放映されたNHKの番組で、宮城県の女川中学校の生徒が語った言葉である。

＊柳田國男《やなぎたくにお》（1875―1962）民俗学者。日本民俗学を確立。著書に『遠野物語』など。

「今は震災後ではありません。次の震災の前です」

中学生は千年後の人々に大震災の教訓を伝えようと活動しているのである。この中学生がいう「次の震災」は、もしかしたら明日起きるかも知れない。あるいは百年後か、千年後か。それは誰にも分からないが、「次の震災」は必ず起こる。しかしながら「戦後」は何時までも続かなくてはならない。再び「戦前」になることは絶対にあってはならないのである。人類の歴史を顧みるとき、戦後が70年続いたことは尊いことであり、世界に誇るべきである。

聖徳太子は「世間虚仮《こけ》　唯仏是真」の金言を遺《のこ》された。虚仮とは、内心と外相とが相違することである。『歎異抄』には「ひとへに賢善精進の相をほか（外）に示して、うち（内）には虚仮をいだけるもの」とある。世間では、殊に政治の世界では「本音」と「建前」とを区別し、「内」と「外」とが一致しないことが多い。このような事を繰り返していると、知らず知らずのうちに、かつて柳田國男が言った「国民の生活が底の底から引っかきまわされた」ような時局にならないか、いま私は真剣に案じている。

（2015年3月25日掲載）

殻を破り真の出会い

繰り返しの中に新しさ

春4月には全国各地で入学式や入社式が執り行われる。これは毎年毎年繰り返し行われることである。

「くりかえし」と題する谷川俊太郎の詩がある。

くりかえす　日々
くりかえす　悲しみ

くりかえす　喜び
くりかえすものだけが新しい

現代人は新発見や新製品を歓《よろこ》び、常に新しいことを求め続けている。逆に何度も繰り返される単調なことを軽視する。必ず訪れる朝も、巡りくる季節も、いつも同じ反復のようでありながら実は同じではない。毎年同じように咲く桜もよく観《み》ると新しい「いのち」の発露を感受できる。日々の繰り返しの中に新しさを発見することは、生きている醍醐味《だいごみ》である。

人間の意識は、繰り返し反復しているとやがて慣れてしまい「当たり前」に思えてくる。その気持ちが、溌剌《はつらつ》とした「いのち」の営みに気付かなくさせる。毎日の繰り返しは決して「当たり前」ではない。目が覚めて眼が見えるのも、手が動くのも、足が動くのも当たり前だと思っているが、そのことに気づくと、実はとても有難《ありがた》いことであり、お陰さまと感じられる。

そもそも「当たり前」というのは、多くの人々と一緒に行う作業の収穫のうち、自分1人当たりの分け前を意味する。自分1人分として与えられる分け前が「当たり前」だとすれば、自分の力で獲得したもの以外は「当たり前」ではなく、他からいただいた「恩恵」である。自分勝手に「当たり前」だと思っているが、実はお陰さまなのである。空気を吸い、水を飲み、こうして生きている。しかし自分で空気や水を創《つく》り出している者は一人もいない。そのように考えると「当たり前」という言葉は、人間に人間としての「分」や「分限」を教えてくれる。

4月は門出の月であり、巣立ちの時である。学校や勤め先で思いがけない「出会い」がある。人と人とが「会う」ためには、先《ま》ず「出る」ことが必要である。それは雛《ひな》鳥が成長して親の巣を立ち去る「巣立ち」と同じである。人間も家を出なくては、人に巡り会うことはできない。古人が「可《か》愛《わい》い子には旅をさせよ」と言ったのは、まさにこのような意味があってのことである。

かつて真摯《しんし》に道を求める僧侶が出家したように、自分の住み慣れた家を出るためには決心が必要である。決心や決意は、それまでの自分の殻から出るために必要なのである。もしいつまでも自分の殻に閉じこもっていては、たとえ家を出ても人生の師と出会うことは到底できない。自分の殻とは、自分を外界から隔てるものである。自分だけの狭い世界に固執し、外の広い世界から隔離して自分だけの狭い世界に固執していては、出会いがない。自分の殻を破ることが真の出会いの要諦なのである。我を張っていては出会いを見逃してしまうことになる。

善知識─よき師─に巡り合った人は、誰もが、出会いが自分の力ではなく、自分を超えたものからの「恩恵」として感謝する。法然は自ら救いを求めて迷った揚げ句に、自分の殻が破れたとき、数百年前の善導*の著作にある「一心に専ら弥陀の名号を称《とな》えよ」という言葉に出合って念仏の人となった。

親鸞《しんらん》もまた六角堂に参籠《さんろう》し聖徳太子の夢告に頷《うなず》き、生涯の師となる法然に出会うことができた。親鸞はこの法然との出会いを「慶《よろこ》ばしき哉《かな》」と言い、「遇《あ》い難くして今遇ふことを得たり、聞き難くして已に聞くことを得たり」と感激をもって語っている。さらに、この出遇いを「特に如来の恩徳の深きことを知りぬ」と心から感謝しているのである。

京都や大阪など関西地方の人びとは、人に感謝するとき「おおきに」と言う。この言葉は単に「有難う」と言うだけではとても自分の気持ちが十分に満たされないところから、「有難う」を殊更に強調して「多きに有難う」と言ったのである。ところが、その言葉を繰り返して使っているうちに慣れてしまい、肝心かなめの「有難う」の言葉を略して「おおきに」と言うようになった。人間にとって慣れとは本当に恐ろしいものである。

（２０１５年４月22日掲載）

＊善導《ぜんどう》（６１３—６８１）　浄土教を大成した中国・唐代の僧。法然に大きな影響を与える。

片付けず真摯に考えよ

ひたむきに向き合う

風薫る爽やかな5月である。一年のうちで最も祝日が多く、5月初めの連休には行楽を堪能した方も多いことだろう。反対に仕事に励んだ方もあったことと思う。いずれにしてもこの時季はなぜか気忙しく感じる。

そこで思い出すのは南米大陸に生息するナマケモノのことである。この奇妙な名前の動物は、とにかく動作がゆっくりしている。ふさふさの毛を身につけ、長い手足で180度回転する小さな頭を持ち、いかにも眠そうな目をしている。この動物にナマケモノと名付けたのは、南米大陸に移住してきたヨーロッパ人であるが、彼らの目には動作ののろい動物が怠け者のように見えたのであろう。

ところが、ナマケモノは決して怠け者ではない。確かに動作はゆっくりしているが、それは筋肉が少ないためである。筋肉が少ないために余りエネルギーを使わないで済むような身体にできている。さらに、筋肉が少なくて体重が軽いため、高い樹《き》の細い枝で暮らすことができる。それゆえ外敵と争う必要もなく、樹の枝で葉っぱだけを食べている。このナマケモノは、ほぼ1週間に1度の割合で高い樹の上から地上に下りてくる。そして自分が住んでいる樹の根元に穴を掘って糞《ふん》をする。

なぜ、ナマケモノは他の動物から襲われる危険を冒してまで樹の根元に降りて、糞をするのだろうか。生物学者の説によれば、ナマケモノは自分に食べ物を提供してくれる樹の根元に糞をして、自分が住んでいる樹に栄養を与えるのだという。つまり、自分の生命と生活を支えてくれる樹に恩返しをしているのである。

人間はいつも「早く早く」「急げ急げ」と互いに競争している。そのような人間から見るとあえて競争しないナマケモノの生き方は怠慢に見えるが、決して怠けているのではない。むしろエネルギーの浪費を避け、他の動物との争いを回避し、自分が住む樹を自ら支えようとしている。このように愚直な生き方をするナマケモノは、急いで「片付ける」ということをしない。

私はいつも早く用事を片付けたいと思うが、恐らく私だけでなく多くの方々ができるだけ早く仕事を片付けたいと考えているだろう。自分の子どもの結婚や就職までも、早く片付けたいと思っているようだ。

通常、私たちが「片が付く」と言えば、物事がうまく処理されて決着がつくことを意味する。それゆえ人々は物事が「片付く」と安堵《あんど》する。日本語の「片が付く」とか、「片付ける」というのは、必ずしもどちらか一方に決められない事柄を、やや無理をしていずれか一方に片寄せることをいう。ひたむきに事柄に向き合うよりも、取りあえず一方の片に寄せるのが「片付ける」ということである。そうだとすれば、むしろ急いで「片付ける」ことよりも物事に真向かいになって真摯《しんし》に考えることが大事になる。

人間は一時的な「ごまかし」では満足できない。それゆえ、仏教はつねに「まこと」を説いている。

親鸞《しんらん》は最晩年の著作の中に、

よしあしの文字をもしらぬ人はみな
まことの心なりけるを
善悪の字しりがおは
大そらごとのかたちなり

と記している。人間は我執や我欲にとらわれると物知り顔で言葉巧みに「ごまかし」をする。そうなると如来の「まこと」の声が聞こえなくなる。今から100年前、夏目漱石は『道草』で、「世の中に片付くなんてものは殆《ほと》んどありゃしない。一遍《ぺん》起こった事は何時までも続くのさ。ただ色々な形に変《かわ》るから他《ひと》にも自分にも解《わか》らなくなるだけの事さ」と書いている。

２０１５年５月19日に衆議院本会議で安全保障関連法案を審議する「平和安全法制特別委員会」の設置が決議された。この国の在り方に関わる重要法案の審議を、決して急いで「片付ける」ようなことがあってはならない。

それにしても最近は「安全」や「平和」などの文字がよく目に留まる。それは、これらの言葉が指し示す内容が、現在の日本において甚だ不確かになったためではないだろうか。人間は何かを失いそうになると、それを強く望むようになるものである。


（２０１５年５月27日掲載）

慎重さ　蝸牛に学べ

「かたる」に二つの意味

梅雨は春と夏との間のほんの一時期である。身勝手な人間にはやや鬱陶《うっとう》しい時季であるが、この恵みの雨は稲を生育させ、草花に生気を与える。植物は梅雨の頃に水分を蓄えて炎天の夏に備えるのだろう。最近はすっかり見かけなくなったが、この季節に思い出すのは紫陽花《あじさい》の葉にへばりつくようにして進む蝸牛《かたつむり》である。

蝸牛は、ゆっくりというよりもむしろ慎重に注意深く進んでいるように見える。効率至上主義に陥ってしまった現代の日本では、蝸牛もさぞや生きにくいことであろう。だが、拙速になりがちな人間は、急がず注意深く進んで行く蝸牛から大切なことを学ばなくてはならないのではないか。

それにしても人間の世界は忙しく慌ただしい。

安倍政権は今年（２０１５年）５月14日、憲法の解釈を変更して集団的自衛権の行使を可能にする安全保障関連法案を閣議決定した。現行の「自衛隊法」「周辺事態法」「武力攻撃事態法」など、10法の改正案を一括して「平和安全法制」とし、それとは別に外国軍への後方支援を可能にする新しい「国際平和支援法案」を今国会に提出した。政府は法案の審議を急いでいたが、このたび、９月27日まで国会会期の延長を決めた。安倍首相は常々「しっかりと丁寧な説明をしていきたい」と語っているのだから、国会において国民に十分な理解が得られるように説明することが責務である。先ごろ、著名な憲法学者が安全保障法案は憲法違反であると語った。この違憲問題の是非についても国民の理解は十分とは言い難いのではないか。安倍内閣には各分野の「有識者」による委員会が設置されている。その意見に従って種々の法案が成立している。憲法に精通し高い識見を有すると考えて憲法学者を「有識者」として国会に招いたのだから、その意見に耳を傾けて慎重な審議をしていただきたい。都合のよい発言をすれば「有識者」であるが、都合の悪い意見を述べると「有識者」として認めないようでは到底国民の理解や信頼を得ることはできない。

もし、国民の十分な理解が得られないままで審議が終わり、多数決によって法案が成立したら一体どうなるのか。無理が通れば道理が引っ込むこととになる。

ところで、今から70年前、1945（昭和20）年4月1日に米軍が沖縄に上陸し、2カ月余りの戦闘によって20万人を超える尊い生命が失われた。そして6月23日に沖縄戦が終わった。沖縄県はこの日を「慰霊の日」と定めている。

これは偶然のことであるが、60（昭和35）年6月23日に日米安全保障条約が発効した。それから10年後の70（昭和45）年6月23日に安保条約は自動延長されて今日に至っている。そして同じ6月に、今の国会で安全保障関連法案が審議されているのである。奇しき因縁という他ない。

6月23日と言えば、比叡山を開いた最澄*が822（弘仁13）年に56歳で亡くなった日である。最澄は、生前に著した主著『顕戒論』において、「君、独り治めず、必ず良臣を須《もち》う。臣、一善を得れば、必ずその君に献《たてまつ》る」と記している。最澄は「国王とて、独断で国を治めるわけではない。かならず良き臣下の意見を聞いて行うものである」と述べたのである。戦後の日本では、国会が国権の最高機関であり、唯一の立法機関である。国民の代表として選挙された衆参両院の議員は、疑点を残すことなく言葉を尽くして審議することが負託された任務である。

仏教が説く理想の国土には五濁や三悪道*はなく、そこでは人間の社会のように言葉で議論する必要がない。しかし五濁の世に生きる人間にはどうしても言葉が必要である。もし言葉がなければ、互いの意志を確認して守るべき法律を制定することもできないのである。

仏は衆生《しゅじょう》に相応《ふさわ》しい言葉で説法される。仏の機（人）に応じた説法は必ず人々を真実に導く。ところが、人間が言葉で「かたる」のは、自分の考えや気持ちなどを伝える「語る」の意味があるが、一方では「騙《かた》る」という「だます」の意味もある。

（2015年6月24日掲載）

＊最澄《さいちょう》（767―822）平安時代の僧。修行のため中国・唐へ渡り、帰朝して日本天台宗の開祖となる。

＊三悪道　現世で悪事をした結果、行かねばならない苦しみの世界。地獄・餓鬼・畜生の三道。三悪趣とも。

根のない花　必ず萎《しお》れる

慎重に審議し決定を

猛暑が続くと熱中症が心配になる。果たして野山の樹木は大丈夫だろうか。こんなことを考えていると「根ほど葉は広がる」という言葉が思い浮かんだ。樹木の根が地下に広く張っていると、地上の枝葉もまたそれに相応して広がるという意味である。深く広く根を張る樹木は、地中から養分を多く吸収して大きく育つ。樹木を育てようとすれば根っこを大切にすることが根本である。根のない花は、しばらくは綺麗《きれい》に咲いていても必ず萎《しお》れる。

立法府の国会で成立した法律が本当にその国の繁栄に役立つためには、国民の十分な理解を得ることが根本である。明治時代の政治家・大隈重信＊は「議会の喧嘩《けんか》のように、その場を云《い》いくるめるのでは駄目だ。真に人を心服させるようになりたいものだ」と述べている。政治家の説明がその場しのぎの言葉巧みな「言いくるめ」に終始し、成立した法律が国民によく理解されず、なお心服するまでに至っていないとすれば、この国の将来にとって由々しき問題である。

今国会は安全保障関連法案10本を「一括」審議し衆議院を通過させたが、

＊大隈重信（1838―1922）政治家。首相を2度務め、のちの早稲田大学を設立する。

国民がその一々の法案について「今なぜこの法案が問題なのか」「違憲か否か」など、十分に理解できたであろうか。安倍首相は採決の直前に「残念ながら国民の理解が進んでいる状況ではない」と認めながらも採決を急ぎ、採決の後で「国民に丁寧にわかりやすく説明していきたい」と語った。この首相の発言は採決の前と後で順序が逆であろう。以前にも首相の同じ言葉を耳にしたことがある。このようなことを繰り返していては、国民の理解を深め心服させることはできないだろう。

ブッダ（釈尊）は慈悲の精神を説いた。それは先《ま》ず自分を反省し、次いで他人の身になって考えることである。釈尊はこの精神に立って国王に戦争の放棄を勧めた。当時、インドの大国・マカダ国が隣のヴァッジ人の国を攻撃しようとしているとき、釈尊は弟子の阿難《あなん》からヴァッジ人の国の実情を聞き、「繁栄が期待され、衰亡を来さないための七つの法」を説かれた。

釈尊はこの説法によってマカダ国の侵攻を思いとどまらせたのである。

釈尊は、まず初めに「ヴァッジ人がしばしば会議を開き、会議には多くの人々が参集する間は、ヴァッジ人には繁栄が期待され、衰亡は無いであろう」と説かれた。これが衰亡を来さないための「第一の法」である。次に「第二の法」として「協同して集合し、協同して行動し、協同してヴァッジ人として為すべきことを為す間は、ヴァッジ人に繁栄が期待され、衰亡はないであろう」と説き、さらに「すでに定められたことを破らず、往《おう》昔《じゃく》に定められたヴァッジ人の旧来の法に従って行動する間は、ヴァッジ人は繁栄が期待され、衰亡はないであろう」という「第三の法」を説かれた。

釈尊は、会議に加わる資格のある議員がつねに会議に出席し、慎重に審議して決めている間は、その国は繁栄が期待され、衰亡することはないと説かれた。果たして日本の現状はどうか。また釈尊は「和」の精神を強調し、人が人として為すべきことを為すように教え、さらに既に定められた法律を自分勝手に解釈することのないように誡《いまし》められたのである。

釈尊が説かれたこの「繁栄が期待され、衰亡を来さないための七つの法」という説法を聞き知ったマカダ国の王は「戦争でヴァッジ人をやっつけるわけには行きません。外交手段か、離間策《りかん》によるのでない限り――」と語ったと経典は伝えている。離間策とは、外から軍事力で侵攻するのではなく、その国の内から人々を「仲たがい」させるように仕向けることである。

安全保障関連法案と同時に進んでいた新国立競技場の建設計画も、いったいどの会議で決まったのか、誰に責任があるのかなど、まさに藪の中である。人が人として為すべきことを為さず、互いに他者に責任を転嫁し合っている。これがまさに「離間策」の具体相であろう。あらためてブッダの言葉によく耳を傾けたい。

（2015年7月22日掲載）

#「尊敬される国に」

虚心に聞き　わが身知る

夏ゼミの短命を「蟪蛄《けいこ》は春秋をしらず」という。蟪蛄（ツクツクボウシ）は、夏しか生きられず、春や秋を知ることはない。春、秋を知らないのだから、本当は夏のことも分からない。水に住む魚が、水中にいることに気付かないのと同じである。人間もまた過去・現在・未来の時の流れに生きていながら、過去は過ぎ去り、未来はいまだ来ないので、現在を中心に「今年は…」と考える。

しかし私たちが現在、現に在るものとして見たり、聞いたり、経験するものは、実はすべて過去のものである。宗教的な真理の世界は「未来」が主となるが、私たち凡夫の現実生活はすべて「過去」が基になっている。だから現在を知ろうとすれば、どうしても過去をさかのぼらなくてはならない。

今年（２０１５年）は日露戦争（１９０４〜05年）から数えると、「戦後１１０年」である。明治維新の後、富国強兵を目標とした日本は、朝鮮半島および満州（中国東北部）の支配権をめぐって大国ロシア帝国と戦った。ロシアとの関係だけを見れば、自衛のため、正義のための戦争であったが、戦場は日本でもロシアでもない朝鮮半島や満州だった。戦場になった地域の人々にとっては、日本軍もロシア軍も外から侵入してきた虎狼のように見えたに相違ない。

アメリカのボストン美術館で東洋部長を歴任し、明治の国際人であった岡倉天心*は、1906年にニューヨークで英文の『茶の本』を出版した。彼は、日露戦争を念頭に置いて、「われわれは文明国たるためには、血なまぐさい戦争の名誉によらなければならないとするならば、むしろいつまでも野蛮国にあまんじよう。われわれの技芸と理想にふさわしい尊敬がはらわれる時まで喜んで待とう」と書き、戦勝ではなく、日本は日本の技芸と理想によって世界から尊敬される国になることを願った。この『茶の本』は世界各国の言語に翻訳され、多くの人々の共感を得た。だが、当時の日本は戦争への道を選び、戦争によって多くの人命が失われた。

その日露戦争に従軍した西田幾多郎*の弟は、旅順で戦死した。西田は弟を思い「独り涙を呑《の》む」と言いながら、日記には「旅順陥落祝賀会あり、万歳の声聞ゆ。今夜は祝賀の提灯《ちょうちん》行列をなすといふが、幾多《いくた》の犠牲と、前途の遼遠《りょうえん》なるをも思はず、かかる馬鹿騒なすとは、人心は浮薄なるものなり」と記している。

日露戦争の勝利に国中が沸いているが、戦争の勝利は決してそれだけで済むものではなく、その先の長い困難な道のりを思い、「前途の遼遠なるをも思はず」と書いたのである。この戦争はやがて満州事変を引き起こし、ついに悲惨な「敗戦」に至るが、彼はそのことを予想していたのであろう。当時の新聞は、日本の現実や世界の状況を必ずしも正しく伝えなかったた

＊岡倉天心（1863―1913）思想家・美術行政家。英語で『茶の本』を著し、アジア・日本文化の意義を世界に訴えた。
＊西田幾多郎《にしだきたろう》（1870―1945）哲学者・京大教授。近代日本独自の哲学を樹立。著書に『善の研究』など。

め、国中が戦争の勝利に酔い、その後もこの戦争を肯定的に捉える見方から抜け出せなかった。現に、つい先日の戦後70年談話でも首相は、「日露戦争は、植民地支配のもとにあった、多くのアジアやアフリカの人々を勇気づけました」と述べていた。

仏教経典が「如是我聞《にょぜがもん》」*から始まる通り、仏教では聞くことを重視する。虚心に聞くとき、わが身が思い知らされる。

西田幾多郎は、先に挙げた日記に仏教経典を引用している。それを書き下せば、次のような経文である。

それ道を為《な》すは、猶《な》お木の水に在りて流れを尋《たず》ねて行くが如《ごと》し。両岸に触れず、人の為《ため》に取られず、鬼神の為に遮《さえ》ぎられず、洄流《かいる》*の為に住《とど》められず、また腐敗せずば、吾此の木は決定《けつじょう》して海に入ることを保せん。

いま日本をどのような国にするかが問われている。戦争し勝利する国か、世界から尊敬される国か。私たちはいずれの国家像を選ぼうとしているのだろうか。

その人をして、その人たらしめるのは、その人の過去の歩みである。自分がどういう生き方をしてきたのか、何を為してきたのか、自分の過去を真摯《しんし》に顧みない者は、未来の進むべき方向をも見失うことになる。

（2015年8月26日掲載）

＊如是我聞　経典の最初の語。「我はこのように伝え聞いた」の意。

＊洄流　めぐり流れること。

「老い」の意味に変化

人間が経済成長の資源に

猛暑の夏が過ぎ、朝夕の涼しさを実感する爽やかな季節である。今年（2015年）9月は、洪水、地震、噴火、台風などの災害が続き、そのうえ国民に安心を与えるべき国会審議が大混乱を呈したのは残念なことである。「秋」を「とき」と読むのは、「危急存亡の秋《とき》」のように、事に当たって特に重大な時を意味する。今年の「秋」が、果たして将来どのような形で歴史に残るのかが案じられる。

毎日の日の出から日没まで懸命に生きるのが「暮らし」である。「暮らし」とは、「暗らし」に由来する。暗い夜を過ごすのを「明かす」といい、日中の「暮らし」と対になる。老人は、永らく「暮らし」の経験と知恵を蓄積してきた。江戸時代の幕府すなわち中央政府で総理大臣が「大老」、大臣が「老中」と呼ばれたのは、老人の知恵が重んじられていたからである。以前は、特別に「敬老」の日を設ける必要もなく、老人は尊敬されていた。昨今の高齢者という言葉は単に年齢を重ねたという意味であるが、それは老人とは異なる。

去る９月21日は「敬老の日」であった。この日は、老人を敬い、長寿を祝うという趣旨で１９６６（昭和41）年に制定された国民の祝日である。終戦15年を経た60（昭和35）年、「60年安保」の混迷で退陣した岸内閣のあと、所得倍増と寛容と忍耐を掲げた池田内閣が発足し、わが国は一気に高度経済成長を遂げた。そのさなかに「敬老の日」が制定されたのである。これは経済成長に伴って暮らしの中に生老病死が見え難《にく》くなったこととも関係する。

かつて、人の一生である生老病死は、すべて「家」すなわち自宅で家族とともに経験した。今ではほとんどの赤ちゃんが病院で誕生するが、昔は自宅で産婆さん（助産師）の助けを借りて生まれ、病気になれば自宅で臥《ふ》せる病人を家族が看護し、医師が往診に来るのが普通であった。このように皆が家で老い、家で死んだ。このことは昭和前半まで変わることがなかったが、高度経済成長に伴って家の中から生老病死が消え去ってしまった。

それと呼応するかのように、老人の知恵と経験を活《い》かす場所も消えてしまった。人間を経済成長のための資源と考えるようになると老人は軽視される。このような風潮の中で老人を敬う日が制定されたのであろう。ところが、今日では介護料や医療費などの経済的な理由から、老人ではなく、もっぱら高齢者と呼ばれ、国や地方自治体の高齢者対策の対象となっている。人間の老いの意味合いが経済的な理由によって変化したのである。

幸田文の随筆「現在高」には、すっきりとした老後の生活を送るためには、何をどれだけ使い減らし、何がどれだけ残っているか、自分の体力・能力・気力などの現在高を確認することが大事だ、と書かれている。だが、自分で自分の現在高を正しく見積もることはとても難しい。邪見《じゃけん》＊驕慢《きょうまん》の凡夫は、自分の体力や能力などを必ず過大に見積もるからである。自分に残された時間の現在高もまた自分が思うよりも遥《はる》かに少ないはずである。

仏教経典の『法句経』（『ダンマパダ』）は、人間は老いるものであるが、「善《よ》い立派な人々の徳は老いることがない。善い立派な人々は理《ことわり》を説き聞かせる」と教えている。

親鸞《しんらん》は関東での教化活動に区切りをつけて63歳の頃に生まれ故郷の京都に帰った。そこで晩年の親鸞は、信者のために、仏典の難解な字句を平易に解説した「文意」という著作を著し、それを自分自身で書き写して遠く離れた「いなかの人々」に送っている。また遠隔地の人々から寄せられたさまざまな質問に答える消息（手紙）を数多く書いている。それは「特《こと》に如来の恩徳の深きことを知りぬ。ここをもって、聞くところを慶《よろこ》び、獲《う》るところを嘆ずるなり」という報恩の行いであった。

人間は経験と知恵を積んで老人となる。しかし哀《かな》しいことに加齢のため、古稀《こき》の頃になると耳が聞こえ難《にく》くなる。戦後70年を経て、わが国の政治家の耳は国民の声が聞こえ難くなっているようだ。

（2015年9月23日掲載）

＊邪見　因果の道理を無視する誤った考え。

大地の恩恵忘れずに

目に余るモラル腐敗

豊穣の秋である。秋は自然の恩恵を身近に実感する。柿、梨、林檎《りんご》、無花果《いちじく》、栗などの果樹は、春に花が咲き、秋に実る。稲も秋になると黄金色に実る。昔の稲刈りは人手で一株一株刈り取っていたため、早稲《わせ》、中稲《なかて》、晩稲《おくて》と順次に作業が進むよう作付けされていたが、今はコンバインで一気に刈り取られる。いずれにしても稲作は大地の偉大な地力のお陰である。

稲をはじめ農作物が植え付けられる土壌は地表の15センチから20センチほどに限られ、1センチの土壌ができるのに数百年の歳月が必要であると言われる。堅い岩石が大気の温度差、風や水の働きなどによって長い時間をかけて土壌となり、さらに目に見えない微生物が地表に堆積した植物の枯れ葉や動物の死骸などを分解して、豊饒《ほうじょう》な土壌を創《つく》り出すのである。

わずか1グラムほどの土壌に平均して100万体から1千万体もの微生物が生息し、その種類は数十万にも及ぶという。微生物は土壌のために大きな役割を果たしているが、その優れた働きを人間はほとんど知らない。また、地中の小動物も土壌のために大きな役割を果たしている。例えば、土の中を這《は》い回るミミズは、地中の土を体内に取り入れ、それを糞《ふん》にして地表へと運び、土の通気性をよくして土壌を豊かにする。

徳富蘆花*は『みゝずのたはこと』の中で、人は「土の上に生れ、土の生むものを食うて生き、而《そう》して死んで土になる。我儕《われら》は畢竟《ひっきょう》土の化物である」と書いている。蘆花は戯言《たわごと》というが、私たち人間が大地の恩恵に浴していることは間違いないだろう。人間は動植物を食べて生きており、その動植物に栄養を与えているのは大地である。人間は機械で工業製品を「つくる」が、農作物は大地の力で「できる」のである。それゆえ、自然の農作物は工業製品のように人間が思うままに「つくる」ことはできない。にもかかわらず、私たちは大地をアスファルトとコンクリートで覆い、高層ビルを建てて便利で快適な生活を追求し続けている。人間は人間の営みを根本から支えている大地の恵みを忘れているのではないか。

今秋、ノーベル医学生理学賞の受賞が決まった大村智先生は、幼少の頃に植林作業を手伝ったとき、父親から「この樹木は将来お前達の代には切り出せる。いま切り出せるのは先祖の人々のお陰《かげ》だ」と諭されたという。やがて科学者となった大村先生は土壌から集めた微生物を培養し、その中から人間に有用な薬になる物質を見つけ出し、現在と将来の人々を病気から救った。ノーベル賞受賞決定後の会見で、人のために研究し、微生物の力を借りながらできた仕事であると語られた。

私たちは、いま一度立ち止まり、人間の生活を支える大地の恩恵に思いを致したいものである。仏教は常に「足ることを知れ」と教えている。人間が心の欲するままに物質的な豊かさを求めていては、決して心の豊かさ

＊徳富蘆花《とくとみろか》（1868—1927）小説家。晩年はキリスト者として田園生活を送る。著書に『不如帰《ほととぎす》』『自然と人生』など。

は得られない。物や金を追究する人間の心はどこまでも際限がなく、決して満足することがないからである。物や金は生きるために必要な手段であるが、それは目的ではない。

親鸞《しんらん》は弥陀の本願をよくよく考えると、「ひとえに親鸞一人《いちにん》がためなりけり」と述懐されている。親鸞のこの言葉は、ただ私一人《ひとり》の利益を求める利己的な自分のことを言っているのでなく、過去現在未来の全人類と縁で結ばれた私一人《いちにん》であることを語っている。十方世界の一切衆生《しゅじょう》の中に自分自身の存在を見いだすとき、人類だけでなく動植物も山河大地も自分の父母兄弟と同じに感じられる。無理にそのように考えなくても、自然にそのように感じられるのである。

微生物のはたらきで人間のために有益な場合は発酵といい、有害な場合は腐敗と呼んでいる。昨今、問題になっている一部企業や人間のモラルの腐敗は目に余る。これは大地のお陰で生きている人間が、大地の恩恵を忘れた傲慢さの現れとしか言いようがない。

（2015年10月28日掲載）

愚かな連鎖が怨みを増す

試されている私たち

秋の夕暮れはうら寂しい。これから厳しい冬に向かうのだという気持ちがそのように思わせるのだろうか。雪国に住む者の季節感は、どうしても冬の雪が中心になるように思う。春は雪が消える季節、秋はもうすぐ雪が降り始める季節であり、夏はしばらく雪のことを忘れて過ごせる季節である。

今頃になると思い出すのは、藤原定家の詠んだ「見渡せば花も紅葉もなかりけり浦の苫屋《とまや》の秋の夕暮れ」という和歌である。見渡せばと言って何か華やかなものを期待させるが、秋の夕暮れの海辺には色彩のある花や紅葉はなく、ただ見えるのは菅《すげ》や茅《かや》で屋根を葺《ふ》いたわびしい小屋だけである。定家はそこに秋の風情を感じ取っているが、むしろ花も紅葉も「なかりけり」ときっぱりと打ち消すところに、何故《なぜ》か心惹《ひ》かれる。それは今の日本にも世界にも、夢や希望を与えてくれる明るい出来事が少ないからであろう。

何となくこのようなことを思っていた矢先に、フランスの政治や文化の中心である花の都パリで、過激派組織「イスラム国」（ＩＳ）による同時多発テロ事件が勃発した。パリのテロについて「イスラム国」が犯行声明を出したが、その直後にトルコで開催された主要20カ国・地域の首脳会議（G20）は「テロとの戦いに団結して立ち向かう」という特別声明を出した。

わが国の安倍首相はフランスの外相に「日本はフランスと共にある。できることは何でもする」と語ったと伝えられている。

地球上には、世界経済を主導する主要20カ国と、貧困の国々とが共に存在している。今回の同時多発テロを起こした「イスラム国」は、もともと貧困のイラク国内の武装組織であった。それが隣国のシリアの内戦に乗じて支配地域をシリアにまで拡大し、２０１４年6月にはイスラム教の預言者ムハンマドの後継者カリフが治める「国」を宣言した。それまでは、同じイスラム教徒でありながら対立するシーア派や、シリア・イラクの両国政府と敵対していたのが、「イスラム国」と言い張るようになると欧米を敵として攻撃を行うようになった。それに対抗してアメリカが空爆を始めると、「イスラム国」は報復と称して欧米人や日本人の人質を殺害した。

今や犯行はシリア・イラクの支配地域内だけでなくヨーロッパにも拡大し、起こったのが今回のパリの同時多発テロだった。もはや世界のどこでテロが起きても不思議ではない。

今から14年前の2001年9月11日、アメリカで同時多発テロが起きた。アメリカはテロの主犯を特定し、10月7日には主犯をかくまっているとしてアフガニスタンを空爆した。それから今日まで「テロ」と「報復」の連鎖が続いている。一方は聖戦と言って殺戮《さつりく》し、他方はテロと言って報復する。このような殺戮と報復の繰り返しによって怨《うら》みはいよいよ増大する。果たしてテロを防止する手立てはあるのだろうか。

仏教経典は「彼は我《われ》を罵《ののし》った、害した。我は彼に敗れた、強奪された」と思って復讐を繰り返していては怨みが消えることはないという。『法句経』には「この世においては、怨みは怨みによって息《や》むことはない。これが不変の真理である」と説いている。

法然は父の「怨みを捨てよ」という遺言に従って出家した。父の漆間《うるま》時国が夜討ちに遭い、瀕死の状態で息子に「仇を怨むことなく、報復を思う勿《なか》れ、報復を思えば流転無窮にして輪廻《りんね》の絶えることあるべからず」と告げ、「汝《なんじ》が成人になったら出家し、自他平等の利益を思うべし」と言い残して息絶えた。法然はこの遺言を守って出家し、専修念仏の浄土宗を開いたのである。

戦後70年の今から見ると、多くの人命を失ったあの戦争はどのような意味があったのか。もし百年後の人々が現在のテロと報復の連鎖を見れば、必ずや愚かな人間の所業だと思うに違いない。現在のわれわれも、あたかも百年の後から今の現実を見る想像力と、人類史的なものの見方を習得しなくてはならない。人類史の上で、いま、私たちは試されているのである。

（２０１５年11月25日掲載）

現在が未来を決める

人と植物は一蓮托生

師走になり、柿の木の葉は散ったが、まだ幾つかの果実が残っている。昔の人の言い伝えでは、果実は一つ残らず取るのではなく、旅人や野鳥のために残しておくものだった。今では人間優位、自己中心的な考え方が蔓《まん》延《えん》してしまったが、かつてはこのような他者に対する深い思いやりの心があった。日本の自然の美しさや四季の微妙な変化が、日本人の豊かで繊細な情緒を育んだのである。内村鑑三*の「寒中の木の芽」という詩に、次の一節がある。

春の枝に花あり
夏の枝に葉あり
秋の枝に果あり
冬の枝に慰《なぐさめ》あり

花散りて後に
葉落ちて後に
果失せて後に
芽は枝に顕《あら》はる

今年（2015年）の初冬は暖かかったが、寒風の吹きすさぶ冬の季節の枝にどんな慰めがあるのだろうか。それは春陽の時がくれば花開く芽が顕れることが慰めになるのである。人間と植物は一蓮托生《いちれんたくしょう》である。人間の一息一息の酸素も日々の食糧も植物からの恩恵である。地球上に植物がなくなれば、人間もまた地上から消え去る。私たちは植物に依存していることに思いを致すことなく、自然環境の大切さを忘れて生活している。

先頃、フランスでCOP21（国連気候変動枠組み条約第21回締約国会議）が開催され、自然環境を護るために「パリ協定」の合意が成立した。1998年の「京都議定書」では先進国の温室効果ガスの排出削減を義務づけていたが、このたびの「パリ協定」は先進国と途上国とを区別せず、すべての国が温室効果ガスの削減目標を作成し、それを5年ごとにより高い目標に見直すことを義務付け、実質排出ゼロを目指すという世界全体の目標を掲げた。この「パリ協定」の締結には、議長国フランスの配慮と議長のファビウス外相の誠実な態度が大きな役割を果たしたとされる。事前の非公式な会合のメモなども包み隠さず公開する透明度の高い会議運営が、参加した各国代表の信頼を得て歴史的な成果を得たのである。

日本では秘密保護法が施行されたが、政府に都合の悪い情報が隠されるのではないかという国民の不安は今も払拭《ふっしょく》されていない。首相は「国民に丁寧に説明する」と繰り返し述べているが、十分に実行されているとは言

*内村鑑三《うちむらかんぞう》（1861―1930）宗教家・評論家。キリスト教の立場から非戦論を唱える。著書に『求安録』など。

い難い。戦後70年の今年9月には、憲法の解釈を変更する閣議決定によって安保法制が成立した。さらに10月には、積極的平和主義という国策によって武器の量産、調達、輸出を一元的に行う防衛装備庁が発足した。これは2014年4月の武器輸出を認めるという閣議決定に基づくものである。しかも武器輸出や原発の輸出などは、経済の成長戦略の一環となっているようである。何かにつけて経済の成長に重きが置かれているように見える。冬場に重油を燃やして体を冷やす夏野菜のキュウリを作るようなことは、国民総生産（GDP）600兆円の目標達成に少しは貢献するとしても、地球環境を保護する政策とは乖離《かいり》するのではないか。

人間は地球環境を離れては生きられない。仏教では、われわれのこの身を正報《しょうぼう》といい、この身の拠《よ》り所になる環境世界のことを依報《えほう》という。この依報と正報は共に過去の人間の行為の結果すなわち果報《かほう》である。日本の原発事故による放射能汚染も、中国の深刻な大気汚染も、人間の行為が招いた結果であろう。われわれが住んでいる山河国土の環境世界の現在の在りようは過去の果報であると同時に、現在が未来を決定する。それゆえ、仏教は人間と環境を依正二報といい、共に「報」の字をつけているのである。

今年の世相を象徴する漢字に「安」の字が選ばれた。『大無量寿経』には「無数の衆生を教化し、安立《あんりゅう》して、無上正真の道に住せしむ」という経文がある。安立とは、あることを基礎とし、その上に成立するという意味である。現在は過去を基礎として成立していると同時に、未来の新しい世界を成立させる。この世は仏教経典に説かれている通りである。

音もなく香もなく常に天地《あめつち》は書かざる経をくり返しつつ

（二宮尊徳）

もうすぐ新春を迎える。

（２０１５年12月23日掲載）

欺かない信頼の世を

命分け合って生きる

２０１６年の正月は例年になく温暖であったが、さすがに大寒になると日本各地が寒波に襲われた。それでも雪のない晴れた日の水面は静かに万象を映し出す。私がいつも目にする鈴木大拙《だいせつ》館（金沢市）の「水鏡の庭」も、自然の変化を正直に嘘《うそ》偽りなくありのままに映している。

冬の水一枝の影も欺《あざむ》かず

（中村草田男）

まさにこの句の通りである。澄んだ水鏡は決して人を欺くことをしないが、なぜか人は人を欺く。人を欺くとは、相手を見くびって自分の思うままにしようとして騙《だま》すのである。

先頃、製薬会社の化学及血清療法研究所（化血研）が、血液製剤を国の承認とは異なる方法で40年間も製造していたことが、明らかになった。人の命に直接かかわる血液製剤やワクチンを不法な仕方で製造していたとは驚きである。１９８０年代に海外から輸入した血液製剤によって薬害エイズ事件が起こって以降、血液製剤の製造は国内の献血で賄《まかな》われている。献血によって血液製剤を製造している化血研は、それを必要とする患者、善意の献血者、そして医療に信頼を寄せる国民など、幾重にも人を欺き続けていたことになる。

厚生労働省は化血研に110日の業務停止を命じた。2015年5月に内部告発によって不正が発覚したにもかかわらず、今頃になって処分が発表された。人の命に直接にかかわる薬品の不正な製造販売を40年間、すなわち1万4600日もの長期にわたって続けていたのに、処分が僅《わず》かに110日というのは果たして適正なのか。また厚労省はこれほど長期にわたる化血研の違法をどうして見逃したのか。人命に直結する不法行為を40年も見過ごしたことは重大であり、厚労省もまた国民を欺いたことになるのではないか。厚労省が正月早々に処分を発表したのは、重大な不祥事の幕引きを図ったと思われても仕方がないだろう。

案の定、最近は化血研のことがほとんど話題にならない。それに替わったのが、大手カレー店が廃棄を依頼した食品を、廃棄業者が横流しし、不法に販売するという事件である。廃棄受注業者が不法に転売した食品は、ビーフカツ、チキンカツなど、冷凍カツだけでも48万枚に及び、そのほかに108品目もの食品があったという。

農林水産省によると、日本で年間約1700万トンもの食品が廃棄され、そのうちまだ食べられる食品、いわゆる食品ロスが年間500～800万トンもあるという。何十万もの牛や豚、鶏の命が人間によって奪われた挙句、産業廃棄物として大量に処分されているのである。

人間が生きるということは、自分の命と他者の命、人間だけでなく動物をも含めて、すべての生きとし生けるものの命と自分の命とに切り離すことのできない緊密な結びつきがあるということである。ところが、私たちはいつの間にかそのことを忘れてしまった。人間は自分一人では決して生きられず、他の全ての生き物と命を分け合って生きている。それにもかかわらず、他者を軽んじ、動物の命を疎《おろそ》かにする。そのことが自分自身の生存を危うくすることに気付いていない。そのため人は、平気で他者を欺くようになったのだろう。

仏教は、善い行いをすれば善い結果が得られ、悪い行いは悪い結果をもたらすと教える。『大無量寿経』*に「善人は善を行じて、楽より楽に入り明より明に入る。悪人は悪を行じて、苦より苦に入り冥《みょう》より冥に入る」という経文がある。さらに経典には「教語開示すれども、信用する者少《すく》なし」とある。人は因果応報を教えられても容易に信じ得ない。

*大無量寿経　浄土三部経の一つ。法蔵菩薩が48の大願を立ててついに阿弥陀仏となり、衆生を救うことを説く。『無量寿経』に同じ。

仏教説話に雪山（ヒマラヤ）に住む寒苦鳥《かんくちょう》という鳥の話がある。寒苦鳥は、夜の厳しい寒さに苦しみ、「朝になったら巣を造ろう」と言って鳴くが、いざ夜が明けて朝日が射《さ》し暖かくなると、たちまち前夜の寒さを忘れ、そのまま巣を造らずに怠けるという。この寒苦鳥の説話は、真実を知る智慧《ちえ》を得る努力をせず、目先の利益のみを追求する人間を譬《たと》えているのであろう。

（2016年1月27日掲載）

内なる心を豊かに

好き嫌いで動く人間

正月だと思っていたら忽《たちま》ち2月である。雪国では2月中旬までが冬本番の厳しい季節である。古人は厳しい季節の冬には冬らしい過ごし方を工夫した。また雨の日はよいお湿りと感謝した。ところが、現代人は物事の判断基準を二元的に良いものと悪いものとに分けて考えるようになった。一方を悪いと判断しないと、もう一方が良いと思えないのである。寒い冬は悪く、暖かな春は良い、雨の日は悪く、晴れの日は良い天気と考える。私たち現代人は快適さ便利さを価値判断の基準にしている。そのため、冬も春も、雨も晴れも、みなが良い、日々是好日とはなかなか思えなくなっている。

冬から春へと季節は循環し、連続している。そこで真冬の寒さの厳しい時に立春を迎える。そして立春を過ぎると、冬の夜空にも何かほのかに春の色合いを感じ、一日一日と日が長くなる。

そもそも「立」という漢字は、人が大地に2本足を着けて真っ直《す》ぐに立つ形を示している。では、立春の「春が立つ」とはどういう意味か。風が吹けば「波が立つ」、雨が降った後には「虹が立つ」、湯が沸けば「湯気が立つ」など、日常生活でよく目にする現象を「立つ」と呼んでいる。今まで無かった新しい現象が出現することを「立つ」といい、寒さの厳しい季節の中にも新たに春の気配が現れ出るのを「春立つ」というのである。

人間の社会では時々あらぬ噂《うわさ》が「立つ」ことがある。先頃、30代の若い国会議員が同僚議員である妻の出産に際し、ぜひ自分が休暇を取って育児に専念したいと発言して話題になった。ところが、突然にあらぬ噂が立った。国会議員として男性の育児休暇を立法化しようとしていた矢先のことであったが、当人はあらぬ噂ではなくて事実であると認めて議員を辞職した。このことは既に報道されて周知のことである。

孔子の有名な言葉に「三十にして立つ、四十にして惑わず」というのがある。世間的な倫理道徳を説いた儒教の教えであるが、よく考えると意味深長である。「三十にして立つ」とは、30歳にして社会的に自立することを意味する。まだ若い30代で国会議員に選出されるのは、社会的に自分の地位を確保するのであるから「三十にして立つ」と言えるだろう。孔子は「三十にして立つ」と言いながら、さらに続けて「四十にして惑わず」と言っている。早くも30歳で自立し、世間から立身出世と讃《たた》えられたとしても、まだ40歳まではさまざまな迷いが続くと指摘しているのである。

自然界を見ると、美しい花を咲かせる樹木には美味《おい》しい果実はできない。人間は華やかな栄光や外見に憧れを抱くが、本当に大切なのは内実である。世の中を見渡しても外の世界が豊かになり、外見は華やかでも内なる心が豊かにならないと本当の豊かさを感得することができないものである。近代になってわれわれは、人の内なる心の在り方の大切さを忘れてしまったようだ。科学が進歩し遥《はる》か彼方《かなた》の宇宙から届くニュートリノや重力波を測定できるようになったが、人間は自分自身にとって最も身近な内なる心を知ることができないのである。

私たちはテレビや新聞で報道される著名人の不祥事を批判するが、人間の心は決して確かなものではなく、たまたまの業縁《ごうえん》によって動き、いかなる振る舞いもする。人間は往々にして正しい論理で動くというよりも好き嫌いで動く。『大無量寿経』は「世間の人民は、正しい道理を守ることなく、法度《ほうど》（きまりごと）に従わず、贅沢《ぜいたく》は度を超えて、放逸にしておのおのが心の思いに任せ、したい放題に自ら恣《ほしいまま》にし、互いに相手を騙《だま》し合っている」と説いている。これに続く経文に「心口各異、言念無実」とある。すなわち、「心に思うことと口で言うことは相違し、言葉にも思いにも真実がない」と。

日々の忙しさにかまけて自ら心の内に雑念が「立つ」ことに気付かない。

平生は普通に暮らしているが、いざという間際に人は変わるから恐ろしいのである。

（2016年2月24日掲載）

将来見据え今を考える

芽を育む冬も尊い

柳の芽が吹き、桜の蕾《つぼみ》が膨らんだ。3月5日の啓蟄《けいちつ》は二十四節気の一つで、冬籠《ごも》りの虫が戸を啓《ひら》いて地上に這《は》い出るという意味である。春が来れば花が咲き、虫たちが活動し始めるのを当たり前に思っているが、柳はどうして芽吹く時を知るのか、虫はどうして春の到来を知るのか。春が近づいても寒い日もあれば暖かい日もある。それでも生き物は毎年きちんと間違わずに春の到来を知る。人間は暦を見ながら「今年の冬は温暖だ」とか「例年よりも寒い」などと異常気象を話題にするが、昆虫や草花はそのような極端な気候に惑わされることなく春を知る。

暦を持つ人間は、「暦の上では春だが、まだ寒い」などと、暦と自分の体感との違いを話のたねにする。動物や植物にはそのような想定外の気候はなく、つねに自然に寄り添って周到な準備をしながら生きている。桜の蕾は、温暖な春になって急いで膨らむのではなく、寒い冬の間から着実に準備をしている。実は、花の芽は前年の夏に作られている。それが寒い冬のうちに蕾となり、春の暖かさで開花するのである。

植物だけでなく、昆虫もまた独自の方法で春の到来を察知して活動を始める。自然と共に生きている動植物は春を知る不思議な能力を持っているのである。人間だけが自らの知識や技術を過信して大自然のはたらきを想定外と捉えているようだ。

今から5年前の2011年3月、千年に一度の大地震と巨大津波による東日本大震災が起こり、東京電力福島第一原発は未曽有の大事故を起こした。その後13年に安倍首相は原発事故が「完全にコントロールされている」と語った。しかし今もなお高濃度の放射能汚染水は増え続け、放射性廃棄物の処理や廃炉の見通しは全く立っていない。原発事故の収束には程遠いにもかかわらず、国内の原発は再稼働し、あろうことか、諸外国に「事故を経験した世界一安全な原発」と言ってトップセールスが行われている。果たして大事故の教訓は生かされているのだろうか。

原発事故の収束は人間一世代の時間ではおぼつかない。原発事故の跡地はさらに何世代にもわたって人が立ち入ることができず、放射性廃棄物は数万年にわたって管理し続けなくてはならない。原発事故のリスクは、個人はもちろんのこと、大企業や政府の力でも手に負えない。このような厳しい状況下でも「お金をかければ何とかなる」と思っているのではないか。そして何かと言えば経済成長を追い求め、生活の便利さや快適さの陰に隠れたリスクに目を覆ってきた。あらためて、将来をどう生きるかを見据えながら現在を考えなくてはならない。

仏教は「諸悪莫作《まくさ》、衆善奉行《しゅぜんぶぎょう》、自浄其意《ごい》」（もろもろの悪を作《な》すことなく、もろもろの善をなして、心を浄《きよ》くせよ）と説く。悪をなさないことによって、やがて心が善い行いに向くようになり、心が浄化されるという。この順序に意味がある。人間は誰もが自分自身の心を見つめれば、自己中心に物事を考えていることが分かる。自分自身が利己的に振る舞っていながら、むしろそれ故《ゆえ》に、他者のためにする利他の行いを善い行いと考えるのである。自分の利益のための行為を誰も善行とは言わないし、他者のためのように見えても、実は自己のために行っておれば、人々はそれを敏感に感じ取るものである。

宮沢賢治は「世界がぜんたい幸福にならないうちは個人の幸福はあり得ない」と言ったが、今の世では、人間の幸福は何よりも経済の成長にあると考えているようだ。今から200年ほど前、アメリカ人が「時は金なり」という諺《ことわざ》を作った。われわれは時間の大切さを教えたものと解しているが、ベンジャミン・フランクリン*は自分の時間をすべて労働に使えば、そ

*ベンジャミン・フランクリン（1706―1790）　アメリカの政治家・科学者。独立宣言や合衆国憲法の制定に大きな役割を果たす。

の時を金に替えることができると言っている。言い換えれば、金儲《もう》けをしない時間は無駄だということである。わが国の一億総活躍の政策がこれと同義であってはならない。

花が咲く春だけではなく、芽を育む冬もまた尊い。

（2016年3月30日掲載）

人の特性を問い直す

全てに命のつながり

桜は心で見るものだ。満開の桜、雨にしおれる桜、散る桜、残る桜など、目に見える桜と心に映る桜がある。年ごとに桜の花は散るが、花はなくならない。桜には、移ろう姿とそうでない姿がある。桜に限らず、木は大切なことを教えてくれる。『木はえらい』という詩集に、次のような詩があった。

木はえらい　ただ立って待ってるだけ
いじめられても泣かないし
腹へったとも言わないし　わめきもしない
木はほんの少しで満ち足りる

（ロジャー・マッガウ作、谷川俊太郎訳）

人間は、木のように「ただ立って待ってる」ことも、「ほんの少しで満ち足りる」こともできない。この詩の続きには、木は「決してもんくを言ったりしない」とある。人間は自分の置かれた立場に満足できず、いつも文句を言っている。木は、褒められることを求めず、自慢もせず、文句も言わず、ただ精いっぱいに生きている。

熊本・大分の両県を中心とした地震の余震が続いている。先日、ある新聞を読んでいたら「思い上がるな！　余震よ」と書かれた一文が目に留まった。今もなお続く余震に対する苛立《いらだ》ちを吐露《とろ》したものだと思うが、大地に生きる人間がその大地に向かって「思い上がるな」と文句を言っているのである。台風や大雨などはある程度の予測ができるが、地震は全く予測が立たず、人知の及ばない天災である。しかし人間は、自分に都合の悪い情報や不利益な情況を無視し、「自分は大丈夫だ」「ここは安全だ」などと何の根拠もない安心感を持つ。自分に不都合なことは、見えないし、聞こえないし、気付かない。このような人間の特性を根本から問い直させられるのが地震である。

鴨長明*の『方丈記』には、鎌倉時代のさまざまな自然災害を記している。

養和の大飢饉《ききん》の惨状に慄然《りつぜん》とする。飢饉のために4月から5月の2カ月に京都の左京の道端に放置された死者の数が4万2千3百余人とある。京都全体や全国で、どれほどの死者が出たのか想像もつかない。この養和の大飢饉の年に親鸞《しんらん》は出家得度した。その時、9歳の親鸞が「明日ありと思う心のあだ桜　夜半に嵐の吹かぬものかは」と詠んだと伝えられる。

親鸞13歳の時には元暦の大地震が起こった。山は崩れて川を埋め、海は津波で傾き、海水が陸地を浸した。大地が裂け、水が湧き出た。各地の寺社の建物で満足に残ったものは一つもない。家の中にいると押しつぶされる。外へ出れば地面が割れ裂ける。羽が無いので空を飛んで避難することもできない。恐ろしいものの中でも、特に恐れなくてはならないのは地震である。このように『方丈記』の著者は記している。そして「大地震の当座は、人々の心の濁り（煩悩）は少し薄らいだように見えたが、月日がたち、年を経たあとは、もはや地震のことを口に出して言う人さえいない」と文を結んでいる。

親鸞の90年に及ぶ生涯は大災害の連続であった。文応元（1260）年、親鸞が88歳のとき、関東の大飢饉や大地震に苦しむ門弟に宛てた消息（手紙）には、「去年と今年、老若男女を問わず多くの人々が亡くなられたことは、本当に悲しいことです」と心からの哀悼を述べ、「けれども、命あるものは必ず死ぬという生死無常の道理は、すでに仏が詳しく説かれていることだから、驚かれることではありません」と記している。無常は、人

＊鴨長明《かものちょうめい》（1155頃―1216）　鎌倉時代前期の歌人。後年、隠遁《いんとん》して庵《いおり》に閑居する。『方丈記』は仏教的無常観を基調とした随筆集。

間の感情ではなく、「仏のかねてしろしめおかれた」ところの道理であると言い切っている。ところが、私たちは、自分もこの世も無常であると思うことに徹しきれない。

また親鸞は「一切の有情は、みなもて世々生々《せぜしょうじょう》の父母兄弟なり」と語っている。即ち、いま現に生きているあらゆる生きとし生けるものは、命のつながりのある父母兄弟のようなものであるというのである。自然震災の度《たび》ごとに死者の数が淡々と報道される。その震災などによる死者は、実は「他人でなく、自分だ」と思うことが、一切の有情はみなもて世々生々の父母兄弟なりという言葉の意義である。明日はわが身と思えば、震災が遠く離れた土地の他人事ではなくなる。

（2016年4月27日掲載）

矯《た》めるなら若木のうち

大人の価値観　子に影響

爽やかな風薫る季節になった。季節の移り変わりを実感できるのは、とてもありがたいことである。現代人の生活環境は人工的で季節感が乏しいが、それでも街路樹が1本もあれば季節を感じることができるし、四季それぞれの旬の野菜には季節感があふれている。

もう十数年前になるが、ドイツのマールブルク大学を訪問した折に食したホワイトアスパラの味が忘れられない。ドイツ人にとってホワイトアスパラは、「ああ、春が来た」と実感する野菜で、春の女王と呼ばれている。私がその旬の野菜の美味《おい》しさに感動して「また食べたいですね」と言うと、ドイツの知人は、「今年はもうあと数日でおしまいです。もし食べたいなら来年のこの時期にいらっしゃい」と返した。ドイツでホワイトアスパラが味わえるのはわずか数週間のことらしい。年中どんな野菜でも好きな時に食べている日本人とは異なるドイツ人の季節感に感心した。私たちは時に関する鋭敏な感覚を失いつつあるようだ。

日本では5月に「こどもの日」と「母の日」がある。同じ月に「こども」と「母」の二つの記念日があるのはとても意義深いことである。

先頃、小学生が書いた作文を読んだ。そこに母親のことを書いた一節があった。

ぼくはお母さんが大好きだ。一生懸命に勉強してよい学校にはいり、よい会社につとめて、たくさんのお金をもうけて、お母さんをいちばん上等の養老院に入れてあげたい。

日本の子どもは小学生の頃から、年老いて養老院に入ることが母親の幸福であると考えているようだ。そして母親のために自分は「よい学校」「よい会社」に入り、そして「たくさんのお金をもうける」ことを将来の目標にしている。この作文を書いた小学生の素直な気持ちを知って少し驚いたが、これは子どもの責任ではない。子どもは大人の価値観を鋭敏に感じ取って素直に作文をつづっているに過ぎない。

昔から「習いて性となる」と言われる。「習」という字は、ひな鳥が親鳥を真似て羽を動かして飛ぶ練習をすることを表している。習うとは慣れることである。繰り返し学習して慣れて習慣となり、やがて人間の生まれながらの性質のようになる。このようにして人間の性格が作られるとすれば、その見本を学ぶ時機がとても大事である。

最近、日本では「しつけ」が失われたと言われる。礼儀作法などを身につけさせることを「躾《しつけ》」といい、また着物の縫い目を整えて仕立てが狂わないように仮に糸で縫っておくことを「仕付《しつけ》」という。このように日常会話で用いる「しつけ」は、仏教の専門用語の「習気《じっけ》」に基づく言葉である。習気とは常に煩悩を起こしているとそれが心の中に印象づけられて習慣的な気分として残ることをいう。お香を焚《た》くと衣服などに香気が移り、それが付着するのと同じである。かつてこのような意味の仏教語が普段の会話で用いられていたとき、「じっけ」が「しっけ」に変化して「しつける」という言葉が生まれた。

大人は子どもを躾けたと思っているが、子どもの行動も考え方も実は大人からの習気である。大人の価値観が問われる所以《ゆえん》がここにある。

日本には「角を矯《た》めて牛を殺す」という諺《ことわざ》がある。「矯める」とは、曲がっているものを真っすぐに矯正することである。牛の角を真っすぐに矯正しようとして牛を殺しては何の意味もない。また「矯めるなら若木のうち」という諺がある。木の枝ぶりを直すのは柔軟な若木のうちでなくてはならない。何事も時機が大事である。

戦後の日本はアメリカの圧倒的な影響のもとに経済発展を遂げたが、大人たちは知らず知らずのうちに「心持ち」の大切さを忘れて、ただ「金持ち」だけを求めてきたようだ。それがいつの間にか子どもの「心持ち」にも大きな影響を与えた。

今は自分の心を見つめ直すのにちょうどよい時機であるが、自分の考えが正しいと思っている大人の考えは容易に直らない。やはり「矯めるなら若木のうち」である。

（2016年5月25日掲載）

下巻あとがき

現代人の不安は、社会の混乱だけでなく、自分自身の明確なライフサイクルを見失ったことに起因するのではないだろうか。かつては地域社会の結びつきが強く、大勢の親戚縁者が集まって冠婚葬祭を執り行った。冠は元服、婚は結婚、そして葬儀に祖先の祭礼など、そのいずれもがそれぞれの人生の大きな節目になっていた。冠や婚の後も、初老、還暦、古稀《こき》などは、地域社会で生きていく目安であった。人は、人生の節目、節目に向かって一生懸命に生きることによって地域社会に認知され、祝福を受け、人々と共に生きることとの達成感を得ていた。

ところが、今日では多くの人がサラリーマンであり、定年退職が人生の節目となる。定年を迎えた人々にとって、会社などの組織を離れた後の人生をいかに生きるかが大きな課題である。高齢化に伴い、先行きの見通せない曖昧な不安が今日の我々を悩ませ、いつまでも落ち着かせない。このような漠然とした不安が、人々に大切な物事を深く考えないようにさせているのではないか。現代の私たちは、生活は物質的に豊かになったが精神的に満足できず、心からの感謝も歓喜も得られなくなっている。これが五《ご》濁《じょく》の世相である。このような世をどのように生きればよいだろうか。

今年は世界的な仏教思想家であった鈴木大拙《だいせつ》の没後50年に当たる。大拙は95年8カ月の生涯のうち、ほぼ四半世紀を海外で過ごし、禅をはじめとする東洋の思想を西洋に伝え、東西の思想を融合することに尽力した。禅思想の普及に努める一方で、真宗の篤信者である妙好人《みょうこうにん》を広く世界に紹介したことでも知られる。

大拙は51歳から90歳まで京都の大谷大学で教授として教鞭《きょうべん》を執り、晩年は主に鎌倉の松ヶ岡文庫で過ごした。松ヶ岡の住まいは、実に130段の石段を登ったところにあった。90歳を過ぎた大拙は「毎日130段も登るのは大変でしょう」と尋ねられると「何てことないですよ。130段も一歩一歩ですよ」と応えるのが常であったという。高齢になり１００段を超える石段を往復することは容易ではなかったと思うが、大拙は殊更に急ぐこともなく、一歩一歩、一段一段を着実に登っていた。その間に深い思索を行っていたのであろう。私は、すでに90歳を越えた大拙の講演を聴くという僥倖《ぎょうこう》に恵まれたが、その折に大拙は「人は90歳を過ぎないと分からないことがあります」と語っていた。大拙の偉大な95年の生涯は一日一日の積み重ねであった。

比叡山の千日回峰行《ほうぎょう》を二度も満行した酒井雄哉師は、自らの人生を「一日一生」と語っている。回峰行に入ると、毎朝、新しい草鞋《わらじ》を履いて行に出る。毎日、叡山の山々を登り10キロ、やや平坦な所を10キロ、下りを10

キロ、都合30キロもの道のりを回峰する修行を千日間も続けるのである。こうして一日の行が終わると草鞋がボロボロになる。翌日の朝はまた新しい草鞋を履いて回峰行に出る。そのような行を毎日毎日繰り返していると、あるとき草鞋が自分のように思えてきたという。

草鞋は一日でボロボロになる。明日になるとまた新しい草鞋を履く。自分も草鞋のように、一日が終わり、また新たに生まれ変わる。草鞋も自分も同じである。自分が草履で、草履が自分に思える。今日の自分は今日でお終《しま》いとなり、明日また新しい自分が生まれる。そこで酒井師は、一日が一生だと語ったのである。私には到底行うことのできない千日回峰行を成し終えられた大阿闍梨《あじゃり》の言葉だけに大いに納得させられる。

本書は一気に書き上げたものではなく、毎月一度の新聞連載の集積である。「五濁の時代に」の連載を始めて実に5年が経過した。折々の思いを綴《つづ》ってきたが、一回一回の積み重ねであった。多くの読者に導かれ、漸《ようや》くにしてここに至った。感慨は一入《ひとしお》である。

毎回の記事を読んでいただいた読者の方々に感謝を表したい。読後に感想を寄せていただいた方々からは大きな励ましを頂戴した。毎月の新聞掲載に際して、素晴らしい挿絵を描いていただいた日展作家の住吉由紀子さん、北日本新聞社文化部の寺田幹さんには多大なお世話をおかけした。このような新書に纏《まと》めるに際しては、北日本新聞社開発センター出版部の浦奈保美さん、笠木拓さんに特段のご配慮をいただいた。また執筆に際して折々に必要な資料の提供を煩わした山内美智さんにお礼を申し上げたい。

２０１６年10月13日

学恩をいただいた母校の開学記念の日に

木村　宣彰

著者略歴

木村 宣彰 （きむら せんしょう）

元大谷大学長。1943年、旧城端町生まれ。66年に大谷大文学部仏教学科卒業。同大大学院文学研究科博士課程を満期退学。専門は仏教学（中国仏教）。図書館長、文学部長を経て、2004年4月～10年3月まで学長を務めた。現在、鈴木大拙館長。南砺市上見在住。

本書は北日本新聞朝刊水曜文化面に月1回連載した記事をまとめたものです。下巻は2014年10月22日から2016年5月25日までの20回を収載しています。書籍化にあたり本文に傍注を付しました。

五濁《ごじょく》の時代《じだい》に 念仏《ねんぶつ》の導《みちび》き（下）

2016年11月2日発行

著　者　木村 宣彰

発行者　板倉 均

発行所　北日本新聞社
〒930-0094 富山市安住町2番14号
電話　076(445)3352
FAX　076(445)3591
振替口座　00780-6-450

編集制作　（株）北日本新聞開発センター

印刷所　北日本印刷（株）

定価はカバーに表示してあります。

ISBN978-4-86175-095-3　C0215 Y1000E